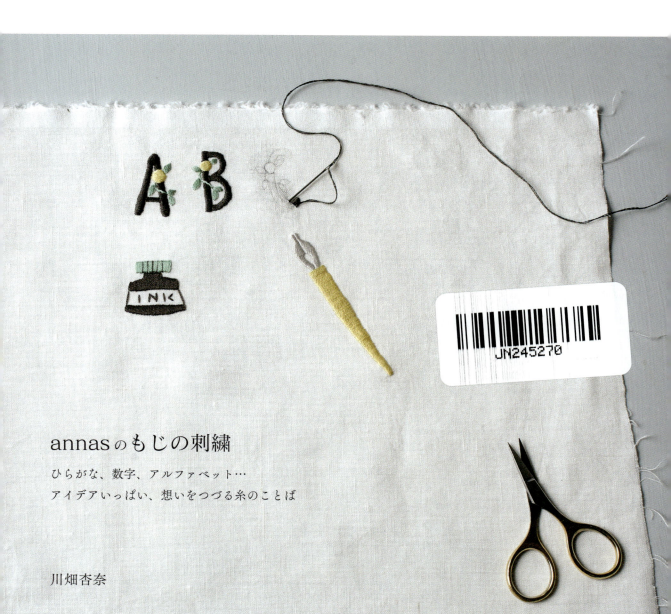

annasのもじの刺繍

ひらがな、数字、アルファベット…
アイデアいっぱい、想いをつづる糸のことば

川畑杏奈

光文社

I wish your happiness

はじめに

文字が主役の、図案たっぷりの刺繍本ができました。名前つけや贈り物に、たくさん活用してもらえたら嬉しいです。

annas 川畑杏奈

Letters
手紙 ▶ page68

「もじ」と「刺繍」で思いついたのが「刺繍でお手紙」でした。刺繍の便箋が送られてきたら、もらった人はびっくりするかもしれないけど、あったら素敵だなと思って作ってみました。

Message Tag
メッセージタグ ▶ page69

Bon appétit
メシアガレ ▶page69

お弁当箱にひとこと、メッセージカードを添えるのもいいけれど、カードが捨てるに捨てられない……なんてことも。それなら、いっそのこと刺繍してしまおう！と思いついた、メッセージ付きのランチクロスです。

Summer Greetings

グリーティングカード ▶ page54

Merry Christmas
クリスマスカード ▶ page55

Contents

手紙　02, 03
メッセージタグ　04
メシアガレ　05
グリーティングカード　06
クリスマスカード　07

 第1章　いろいろなフォント　09
　アリスフォント　10, 12
　トートバッグ　11
　ブローチ　13
　北欧フォント　14, 16
　ハンカチ　15
　帽子とロンパース　17
　シトラスフォント　18, 19
　シンプルフォント 小文字　20
　ナンバー＆ミニマムフォント　21
　ちょうちょフォント　22, 23
　シンプルフォント ひらがな　24
　シンプルフォント カタカナ　25
　通園グッズ　26, 27
　まち針フォント　28, 29
　ガーランド　30

 第2章　もじとものがたり　31
　おやゆび姫　32
　赤い靴　33
　ヘンゼルとグレーテル　34
　おやつの時間　35
　リトルマーメイド　36
　シンデレラ　37
　文字をあてはめる方法　38

第3章　贈ることば　39
　ウエディングボード　40
　リングピロー　41
　メモリアルボード　42
　ありがとう　43
　ウェルカムボード　44
　ハッピー・ニュー・イヤー　45

刺繍の基本　46
　基本の用具　46
　基本の下準備　47
　基本のステッチ　48
　ブローチ（ナンバータグ）の仕立て方　51
　刺し方図の見方　52

仕立て方　94
　メッセージタグ、カード　94
　リングピロー、ウエディングボード　95

いろいろなフォント

世の中には様々なデザインのフォントがあります。もしも刺繍をする人のために作られたフォントがあれば、あたたかみがあって、おもしろくて、なにより刺すのが楽しいものになりそう！そんな気持ちでデザインしました。

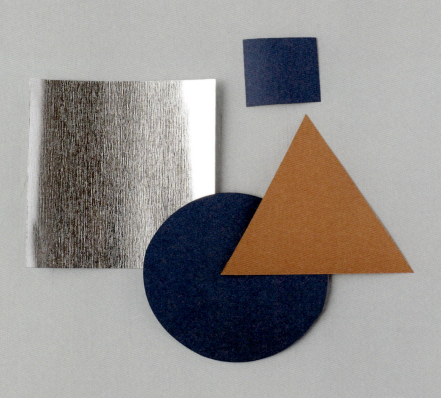

Alice /// アリスフォント ▶ page56~60

10_fonts

Alice /// アリスフォント ▶ page56~60

12_fonts

Brooch /// ブローチ ▶ page61

fonts_13

Northern Europe /// 北欧フォント ▶ page62~66

14_fonts

Handkerchief /// ハンカチ ▶ page 67

このフォントは、ひとつずつがモチーフのようなデザインになっています。ひと文字だけでは「もじ」であることがわからないかもしれません。でも、持ち物にさりげなくあしらうと、それだけで素敵なワンポイントに。肩の力を抜いて、気軽に使ってみましょう。

fonts_15

Northern Europe /// 北欧フォント ▶ page62~66

16_fonts

Baby's /// 帽子とロンパース ▶page67

シンプルなベビー服に、ひと手間かけると、素敵なプレゼントになりました。糸の色を自由に選んで、オリジナルの配色を楽しんでみましょう。

Citrus /// シトラスフォント ▶ page70

18_fonts

シトラスフォント ▶page71

fonts_19

Simple Lower case letters /// シンプルフォント 小文字 ▶ page72

Number & Minimum /// ナンバー&ミニマムフォント ▶page73

デザインをしていると、文字にどんどん飾りをつけたくなってしまうのですが、あえてここはシンプルに。実はいちばん出番が多いかも……と追加した図案です。

fonts_21

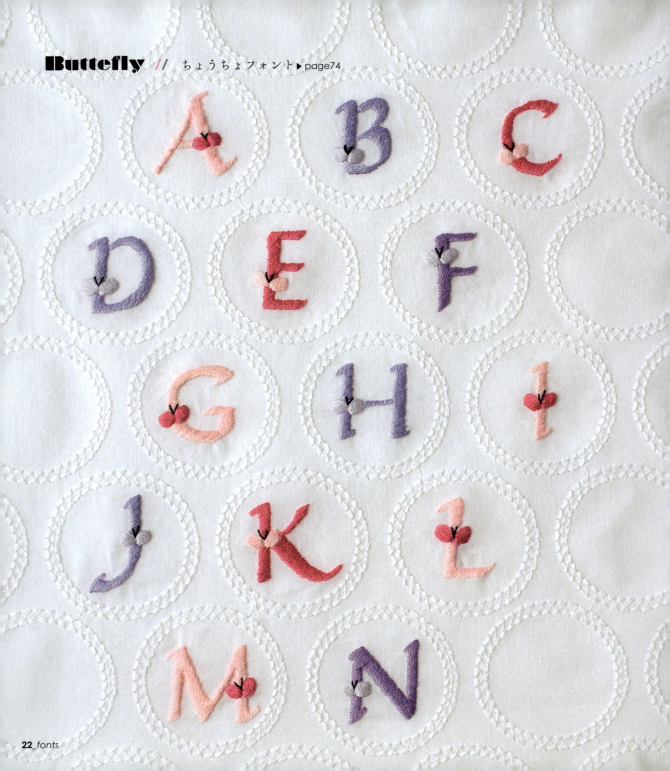

ちょうちょフォント ▶page74

O P Q
R S T
U V W
X Y Z

fonts_23

Simple Hiragana / シンプルフォント ひらがな ▶page76

そ し す せ そ
さ し す せ の
な に ぬ ね の
や ゆ よ
わ を ん
も

か き く け こ
た ち つ て と
ま み む め も
ら り る れ ろ

あ い う え お
は ひ ふ へ ほ

Simple Katakana /// シンプルフォント カタカナ ▶ page77

アイウエオ
カキクケコ
サシスセソ
タチツテト
ナニヌネノ
ハヒフヘホ
マミムメモ
ヤユヨ
ラリルレロ
ワヲン

fonts_25

Bags ///
通園グッズ・ランチセット ▶page74

Bags /// 通園グッズ・シューズケース ▶ page74

名前の横のワンポイントはアリスフォント「E」の一部分(p.10)や、ウエディングボードのちょうちょ(p.40)、リトルマーメイドの魚(p.36)を抜き出して使っています。何かひとつマークがあると、まだ名前が読めない小さなお子さんにも、わかりやすいですね。

Dress pin // まち針フォント ▶ page78,79

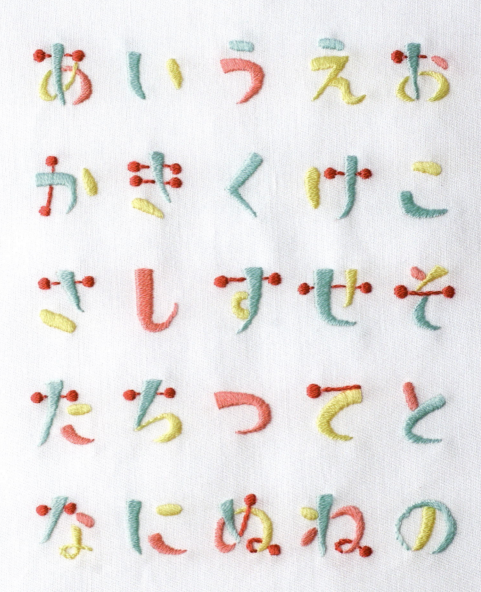

28_fonts

まち針フォント ▶page78,79

fonts_29

Garland /// ガーランド ▶ page79

30_fonts

もじとものがたり

童話の一場面を図案にすることはよくありますが、今回は「もじ」の本ということで、文字を入れてデザイン。絵本の表紙や映画のパンフレットを意識してみたのですが、作るのがとても楽しかったです。一文字一文字を刺すのに慣れてきた方はぜひ、チャレンジしてみてください。

Thumbelina /// おやゆび姫 ▶ page80

Red Shoes 赤い靴 ▶ page80,81

stories_33

Hansel and Gretel　*/1* ヘンゼルとグレーテル ▶ page 82, 83

Sweets /// おやつの時間 ▶ page83

stories_35

Little Mermaid // リトルマーメイド ▶ page84,85

Cinderella // シンデレラ ▶page86

stories_37

文字をあてはめる方法

この本には様々な文字が出てきます。
それらを使って自分の好きなことばや名前を並べる方法を
メモリアルボード(p.42)を例にご紹介します。

▶ page90

1. 図案の上にトレーシングペーパーを置き、名前を入れたい位置におおまかに下線を引いておきます。

2. 名前のはじめと終わりの文字をトレーシングペーパーで書き写します。つづけて真ん中、次にその間の文字、という順に入れていくと、バランスよく図案を描くことができます。

3. 文字を入れたら、周囲の図案を写してできあがり。この図案を布にチャコペンで写して刺繍を始めましょう。

贈ることば

結婚、出産、お正月、父の日、母の日……。特別な日には、時間をかけて作った刺繡のプレゼントでお祝いしてみるのはいかがですか。言祝ぎや感謝の気持ちを一言添えた、ハレの日のための刺繡図案です。

Words ///

Wedding Board // ウエディングボード ▶ page88,89

結婚式にお呼ばれすると、必ず置いてあるウエルカムボード。私の刺繍教室でも、結婚のお祝いにプレゼントとして作る人が多いアイテムです。結婚式の準備で忙しい新郎新婦には、とても嬉しい贈り物ですね。

Ring Pillow /// リングピロー ▶ page 86,87

Memorial Board /// メモリアルボード ▶page90

赤ちゃんの生まれた日付、身長や体重を飾って
残しておけるメモリアルボード。すくすくと
育って欲しい、そんな願いを込めて。

Thank You /// ありがとう ▶page91

Welcome Board /// ウェルカムボード ▶ page92

Happy New Year /// ハッピー・ニュー・イヤー ▶page93

words_45

刺繍の基本

基本の用具

A ..... チャコペン
写した図案が薄いときなどに、書き足します。この本では、水で消える
タイプを使用しています。

B ..... トレーサー
複写紙を使って図案を布に写すときに使います。ボールペンなどで代用
できます。

C ..... 刺繍枠
刺繍しやすいように、布を張っておくための枠。直径8〜10cmが使いや
すく、おすすめ。

D ..... 複写紙（片面チャコペーパー）
図案を布に写すときに使います。この本では、水で消えるタイプを使用
しています。

E ..... 刺繍針とまち針
フランス刺繍針を使います。刺繍糸の本数に合わせて使い分けます。

F ..... はさみ
刺繍糸を切るときに使います。先端が尖っているものが使いやすい。

G 25番刺繍糸
この本では、コスモ刺繍糸（ルシアン）を使用。60cm程度にカットして
使います。

基本の下準備

● 図案の写し方

1. 布の上に複写紙をインク面を下にして置き、上に図案をのせてトレーサーでなぞる。

2. 図案の薄い部分があれば、チャコペンでなぞる。

● 刺し始め

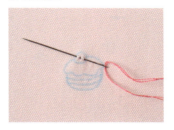  

1. 図案の中央に表から針を入れ、2目なみ縫いをする。

2. 糸端を2cm程度残したところまで糸を引き、ひと目ぶん戻ったところに針を刺す（こうすると糸が絡まり、抜けない）。

3. 表の糸端を短く切る。上からサテンステッチを刺すと見えなくなる。

● 刺し終わり

裏側にわたっている糸に二度絡めてから糸を切る。

基本のステッチ

▲ ストレートステッチ

布から針を出し、まっすぐ進んだところに刺す。

▲ バックステッチ

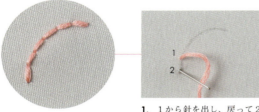
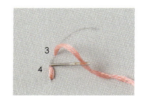

1. 1から針を出し、戻って2に針を入れる。
2. 3から針を出し、4（1と同じ穴）に針を入れる。これをくり返す。

▲ アウトラインステッチ

1. 1から針を出し、2に針を入れる。
2. 3から針を出し、1と2の間に糸を割らないように刺す。
3. くり返す。仕上がりが縄のようになるとよい。

▲ サテンステッチ

1. 刺し埋めるパーツの真ん中に、基準となる1本を刺す。
2. 片側を端まで刺す。
3. もう片側を刺す。

▲ ロング&ショートステッチ

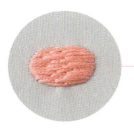   

1. 真ん中に、基準となる1本を刺す。
2. 長短交えながら同じ方向に刺し、埋まったら少し先に針を出して、ステッチの間を割るように刺す。
3. すき間を埋めるように刺す。

▲ チェーンステッチ

1. 図のように針をセットする。
2. 針に糸をかける。
3. 針を抜いたところ。同じ要領で糸をかけてくり返す。ひと目のときは、ループのすぐ外に針を入れる。

basic_49

▲ フレンチノットステッチ

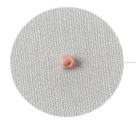

1. 針を出し、糸を指定の回数針に巻きつける。写真は2回巻いたところ。
2. 1で針を出したすぐ横に針を入れる。
3. 巻きついた糸を緩まないように指でおさえながら、針を引く。

▲ バリオンノットステッチ

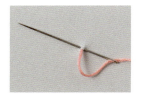

1. 布の表側に1回針を出し、すぐ隣を少しだけすくう。
2. 糸約10回針に巻きつける。
3. 針に巻きつけた糸を指でおさえながら針を抜く(写真は抜いたところ)。

4. さらに糸を引くと、巻いた糸が丸くなる。
5. 根元に針を入れる。
6. 円の反対側から針を出し、中心に針を入れて留めておく。

▲ バリオンステッチ

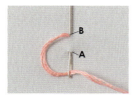
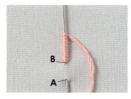
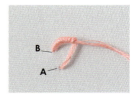

1. 図のように針をセットする。
2. 糸を約10回巻きつける。
3. 針に巻きつけた糸を指でおさえながら針を抜く(写真は抜いたところ)。

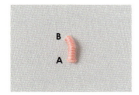

4. Aのすぐ隣に針を入れる。

ブローチ(ナンバータグ)の仕立て方

1. 布に刺繍する。金具より1.5cm大きめにカットし、外側から5mm内側をなみ縫いする。

2. 金具を入れて引き絞る。

3. 表がピンと張るように裏をひっ詰める。

〔ブローチの場合〕
土台と 3 を接着剤で留める。

〔ナンバータグの場合〕
リボンを裏側に縫い留めて、タグよりひと回り小さな布を接着剤で 3 の裏に貼る。

刺し方図の見方

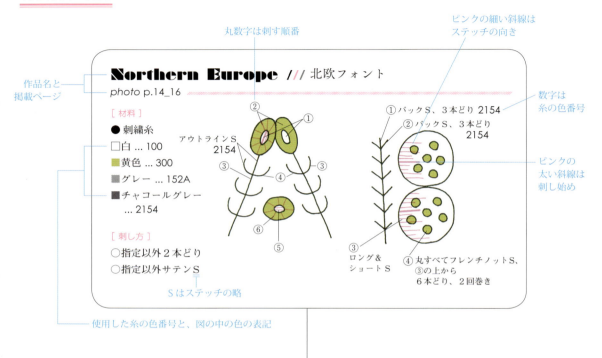

丸数字は刺す順番

ピンクの細い斜線は
ステッチの向き

数字は
糸の色番号

ピンクの
太い斜線は
刺し始め

作品名と
掲載ページ

Northern Europe /// 北欧フォント
photo p.14_16

[材料]
● 刺繍糸
□ 白 ... 100
■ 黄色 ... 300
■ グレー ... 152A
■ チャコールグレー ... 2154

[刺し方]
○ 指定以外2本どり
○ 指定以外サテンS

Sはステッチの略

使用した糸の色番号と、図の中の色の表記

① バックS、3本どり 2154
② バックS、3本どり 2154
③ ロング＆ショートS
④ 丸すべてフレンチノットS、③の上から6本どり、2回巻き

アウトラインS 2154

仕上がり

刺し方図は、指定以外、実物大で掲載しています。
糸の色番号は、コスモ25番刺繍糸（ルシアン）のものです。
各ステッチの刺し方は p.48からの基本のステッチをごらんください。

ABC /// メッセージ
photo p.01

[材料]

● 刺繍糸

■ グレー ... 2151

■ 黒 ... 895

■ 黄色 ... 820

■ 薄緑 ... 2317

[刺し方]

○すべて2本どり

○指定以外サテンS

○文字は①実②文字③茎→葉の順に刺す

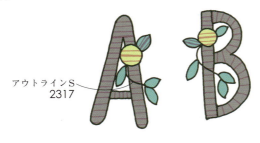

アウトラインS
2317

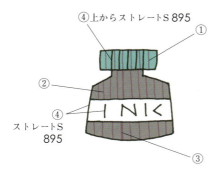

④上からストレートS 895

ストレートS
895

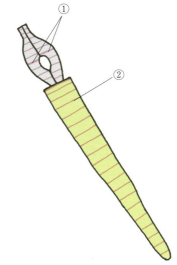

recipe_53

Summer greetings /// グリーティングカード
photo p.06

［材料］

●刺繍糸
- 薄青 ... 524
- 黒 ... 600
- 濃ピンク ... 506
- 水色 ... 163
- ミント ... 843
- 白 ... 100

［刺し方］
- ○すべて2本どり
- ○指定以外サテンS
- ○目は最後にフレンチノット、2回巻き600
- ○仕立て方はp.94参照

［材料］

●刺繍糸
- 水色 ... 412
- 白 ... 100
- 薄青 ... 524
- 薄緑 ... 899
- 青 ... 526
- 濃緑 ... 337

［刺し方］
- ○リボンは3本どり、指定以外2本どり
- ○指定以外サテンS

＜リース＞
- ○好きなところから刺し始めてよい。
- ○葉っぱは、茎→葉の順で刺す。
- ○花心はすべて、ステッチの上から仕上げに刺す。
- ○あさがおは、ガイド線を放射状に刺してから、間を刺し埋める。

＜リボン＞
- ○①赤線 ②青線の順にチェーンS
  ③最後にむすび目をサテンS
- ○仕立て方はp.94参照

Merry Christmas /// クリスマスカード
photo p.07

[材料]
- ● 刺繍糸
- ■ チャコールグレー ... 155
- ■ 濃ピンク ... 506
- □ 白 ... 100
- ■ 淡黄色 ... 297
- ■ 茶色 ... 368
- ■ 薄緑 ... 897
- ■ 肌色 ... 341

[刺し方]
- ○ すべて2本どり
- ○ 指定以外サテンS
- ○ 文字はアウトラインS 155
- ○ 仕立て方はp.94参照

[材料]
- ● 刺繍糸
- ■ チャコールグレー ... 155
- ■ グレー ... 154
- ■ 薄緑 ... 897
- ■ 淡茶 ... 366
- □ 白 ... 100
- ■ 濃ピンク ... 506
- ■ 肌色 ... 341

[刺し方]
- ○ すべて2本どり
- ○ 指定以外サテンS
- ○ 文字はアウトラインS 155
- ○ 仕立て方はp.94参照

recipe_55

Alice /// アリスフォント（実物大図案）
photo p.10&12

詳しい刺し方は p.58

Alice /// アリスフォント（実物大図案）

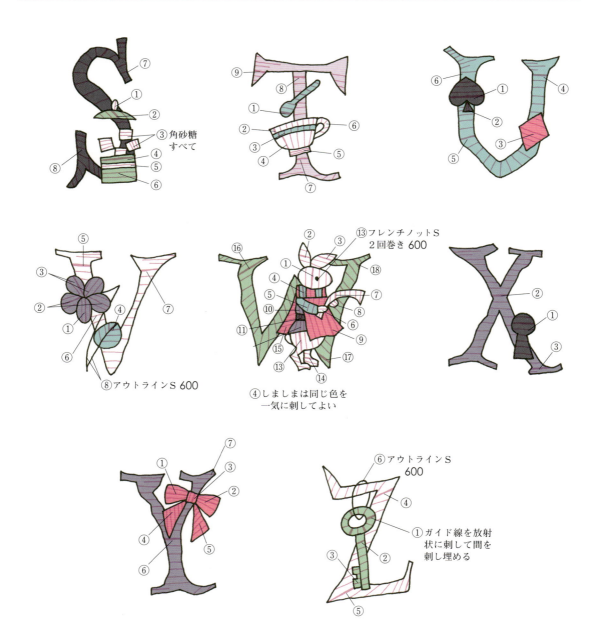

Tote Bag /// トートバッグ(実物大図案)

photo p.11

[材料]

● 刺繍糸
■ 黒 ... 600

[刺し方]

○指定以外2本どり
○指定以外サテンS
○刺し方はp.59 参照

Brooch /// ブローチ(実物大図案)

photo p.13

[材料]

● 刺繍糸
刺繍糸
■ 薄青 ... 2212
■ 濃ピンク ... 505A
□ 白 ... 100
● 直径5cmのブローチ金具

[刺し方]

○刺し方はp.59、60 参照
○仕立て方はp.51参照

Northern Europe /// 北欧フォント（実物大図案）

photo p.14_16

詳しい刺し方は p.64

Northern Europe /// 北欧フォント(刺し方)

photo p.14_16

[材料]
● 刺繍糸
□ 白 ... 100
■ 黄色 ... 300
■ グレー ... 152A
■ チャコールグレー ... 2154

[刺し方]
○指定以外2本どり
○指定以外サテンS

刺し方つづき

[材料]
● 刺繍糸
□ 白 ... 100
■ 黄色 ... 300
■ グレー ... 152A
■ チャコール
　グレー ... 2154

[刺し方]
○ 指定以外2本どり
○ 指定以外サテンS

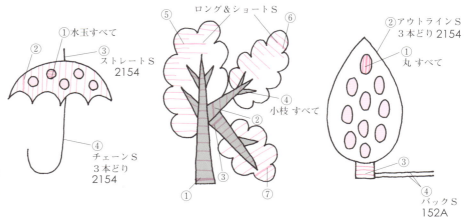

Northern Europe /// 北欧フォント（刺し方）
photo p.16

[材料]
● 刺繍糸
□ 白 ... 100
■ 青 ... 732
■ 肌色 ... 341
■ 黒 ... 895

[刺し方]
○ 指定以外2本どり
○ 指定以外サテンS

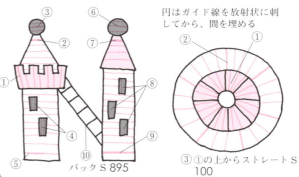
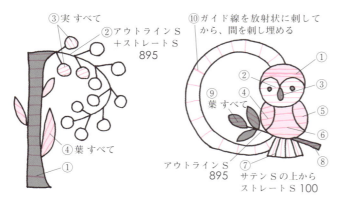
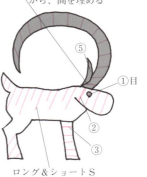

recipe_65

Northern Europe /// 北欧フォント（刺し方）

photo p.16

[材料]
- 刺繍糸
  - □ 白 … 100
  - ■ 青 … 732
  - ■ 黒 … 895

[刺し方]
- ○指定以外2本どり
- ○指定以外サテンS

Handkerchief /// ハンカチ（実物大図案）
photo p.15

[材料]

● 刺繍糸

□ 白 ... 100

　黄色 ... 302

■ グレー ... 152A

■ 水色 ... 414A

■ チャコールグレー ... 2154

[刺し方]

○ 指定以外2本どり

○ 指定以外サテンS

○ 刺し方は指定以外p.64、65参照

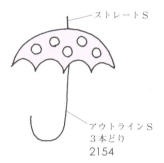

ストレートS

アウトラインS
3本どり
2154

Baby's /// 帽子とロンパース（実物大図案）
photo p.17

[材料]

● 刺繍糸

■ 黄色 ... 701

■ チャコールグレー ... 155

　淡茶色 ... 714

□ ベージュ ... 1000

■ 緑 ... 565

■ 薄青 ... 371

[刺し方]

○ 指定以外2本どり

○ 指定以外サテンS

○ 刺し方はp.65、66参照

recipe_67

Letters /// 手紙（秘密の花園）

photo p.02

[材料]

● 刺繍糸
- 黄色 ... 700
- 淡黄色 ... 297
- 肌色 ... 341
- 白 ... 100
- 紺 ... 169
- 黄緑 ... 269
- 茶色 ... 716

[刺し方]

○ 指定以外2本どり
○ 指定以外サテンS
○ 文字は太い線から
　サテンSで刺し始める
　→線の部分はアウトラインS
○ バラはすべて
　バリオンノットS＋バリオンS
○ 大まかな刺し方順序
　❶ メアリ
　❷ バラの花
　❸ 葉とつる
　❹ アーチと地面

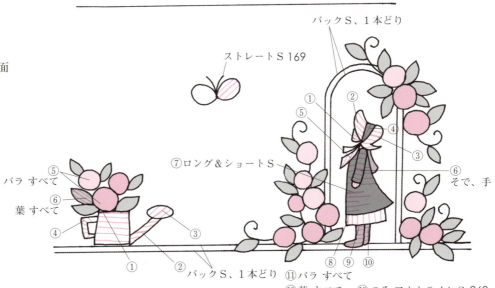

Message Tag /// メッセージタグ
photo p.04

[材料]
● 刺繍糸
■ ピンク ... 2111
■ 黒 ... 600

[刺し方]
○ ハングルは3本どり、それ以外は2本どり
○ すべてバックSとストレートS
○ 仕立て方は p.94 参照

Thank you

감사

спасибо

ありがとう

Bon appétit /// メシアガレ
photo p.05

[材料]
● 刺繍糸
■ サーモンピンク ... 834
■ 黒 ... 600

[刺し方]
○ 花は2本どり、文字は3本どり
○ 指定以外サテンS

③ アウトラインS、3本どり 600

アウトラインS、3本どり 600

recipe_69

Citrus /// シトラスフォント

photo p.18

[材料]

● 刺繡糸

☐ グレー ... 152A

■ 黄色 ... 298

■ 薄青 ... 164

■ オレンジ色 ... 145

■ 緑 ... 2317

[刺し方]

○すべて2本どり
○指定以外サテンS
○刺し方順序
　①実
　②文字
　③茎(アウトラインS)
　④葉

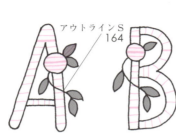

70_recipe

Citrus /// シトラスフォント
photo p.19

アウトラインS
2317

recipe_71

Simple Lower case letters /// シンプルフォント 小文字
photo p.20

[材料]
● 刺繍糸
黒 ... 600

[刺し方]
○すべて2本どり、サテンS
○すべてサテンS
○太い線から刺し始める

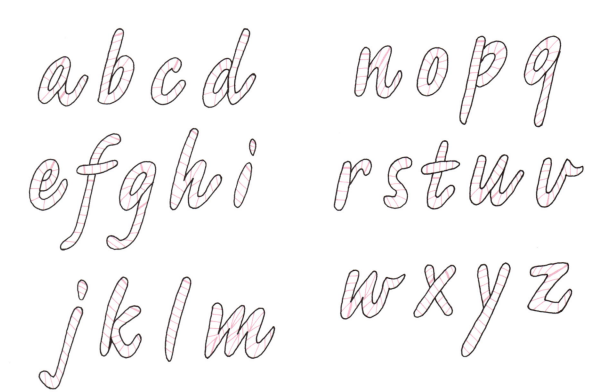

72_recipe

Number & Minimum /// ナンバー＆ミニマムフォント
photo p.21

[材料]
- 刺繍糸
- 紫 ... 173
- ピンク ... 222

[刺し方]
- ○すべて2本どり、サテンS
- ○すべてサテンS
- ○太い線から刺し始める
- ○仕立て方は p.51 参照
- ○ナンバータグ型紙

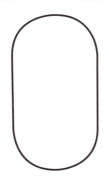

[材料]
- 刺繍糸
- 赤紫 ... 485A
- 紺 ... 169
- サーモンピンク ... 834

[刺し方]
- ○すべて3本どり
- ○すべてバックS

recipe_73

Butterfly /// ちょうちょフォント
photo p.22_23

[材料]

● 刺繍糸

〈共通〉

■ 黒 ... 600（触角）

〈A～N〉

■ ピンク ... 2111（AGILM+CEKのちょうちょ）

■ 濃ピンク ... 504（CEK+AGILMのちょうちょ）

■ 淡紫 ... 174（BDHJ）

■ 薄紫 ... 172A（BDFHJNのちょうちょ）

■ 濃紫 ... 283（FN）

〈O～Z〉

□ 黄色 ... 820（QRWX+OSVZのちょうちょ）

■ 緑 ... 902（PTUYのちょうちょ）

■ 水色 ... 163（OSVZ+QRWXのちょうちょ）

■ 薄緑 ... 896（PTUY）

[刺し方]

○ 指定以外2本どり

○ 指定以外サテンS

○ 刺し方順序

① ちょうちょ　② 文字　③ 触角

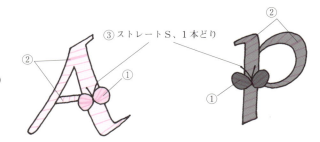

③ ストレートS、1本どり

Bag /// 通園グッズ
photo p.26_27

[材料]

● 刺繍糸

〈ハナ〉

□ 白 ... 100

■ 黒 ... 600

薄緑 ... 896（文字）

〈あおい〉

■ オレンジ色 ... 302

■ 黄色 ... 298

□ 白 ... 100

〈こはる〉

■ 青 ... 414A

■ オレンジ色 ... 302

□ 白 ... 100

■ クリーム色 ... 1000

[刺し方]

○ 配色は写真参照

○ 刺し方は、カタカナ、ひらがなはバックSとストレートS、まち針フォントはp.78、79を参照

○ 市販のバッグ

〈あおい〉刺し方 p.84

302

〈ハナ〉刺し方 p.89

〈こはる〉刺し方 p.58

Simple Hiragana /// シンプルフォント ひらがな

photo p.24

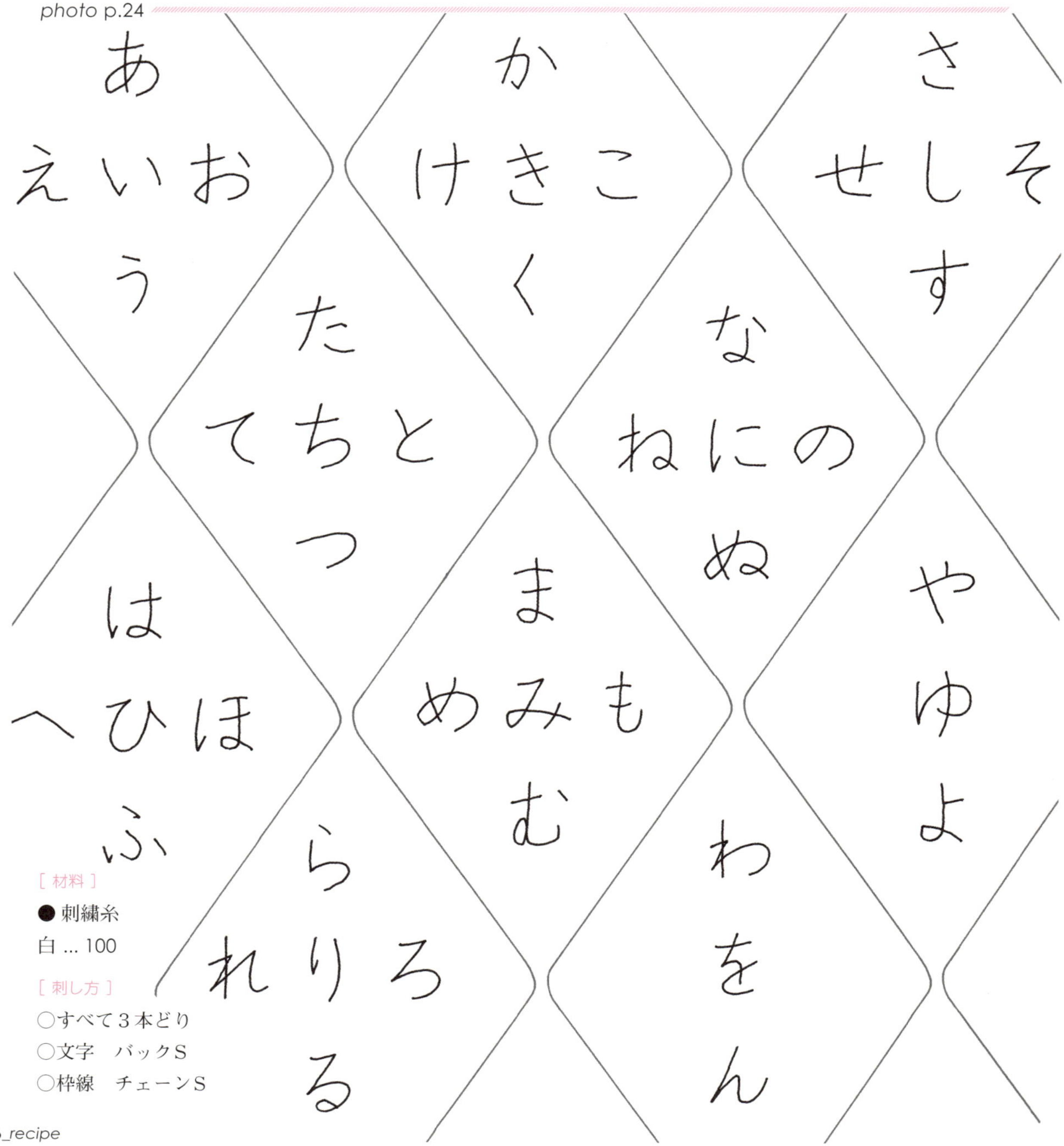

あ い う え お
か き く け こ
さ し す せ そ
た ち つ て と
な に ぬ ね の
は ひ ふ へ ほ
ま み む め も
や ゆ よ
ら り る れ ろ
わ を ん

[材料]
● 刺繍糸
白 … 100

[刺し方]
○すべて3本どり
○文字　バックS
○枠線　チェーンS

Shimple Katakana /// シンプルフォント カタカナ
photo p.25

[材料]
- 刺繍糸
青 ... 414A

[刺し方]
- すべて3本どり
- 文字　バックS
- 枠線　チェーンS

Dress pin /// まち針フォント
photo p.28_29

[材料]
● 刺繍糸
■ 赤 … 345
■ 薄緑 … 896
□ 黄色 … 299
■ ピンク … 835

[刺し方]
○ すべて2本どり
○ 面　サテンS
○ 線　アウトラインS
　色の指定がないものは
　赤345で刺す

299

896

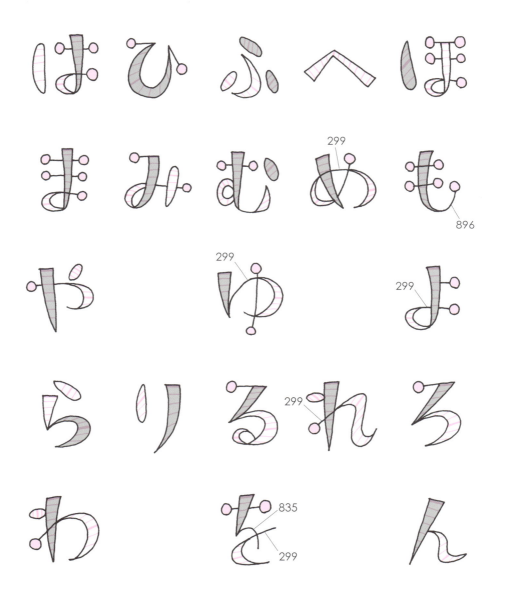

Garland /// ガーランド
photo p.30

[材料]

● 刺繍糸　　　ピンク … 481A　　青 … 165　　紫 … 2262
濃ピンク … 836　黄色 … 300　　白 … 100　　緑 … 2563

[刺し方]

○配色は写真参照

Thumbelina /// おやゆび姫

photo p.32

[材料]

● 刺繍糸

□ 白 ... 100

■ 紺 ... 169

■ 青緑 ... 375

■ ミント ... 562

■ 肌色 ... 341

■ 淡茶髪 ... 366

■ 濃ピンク ... 505A

■ 紫 ... 173

[刺し方]

○指定以外 2 本どり

○指定以外サテンS

○文字はアウトラインS 505A

Red shoes /// 赤い靴

photo p.33

[材料]

● 刺繍糸

■ 濃ピンク ... 506

■ 紺 ... 169

□ 白 ... 100

■ 肌色 ... 341

■ こげ茶髪 ... 477

[刺し方]

○すべて 2 本どり

○指定以外サテンS

○指定以外の線のステッチは169

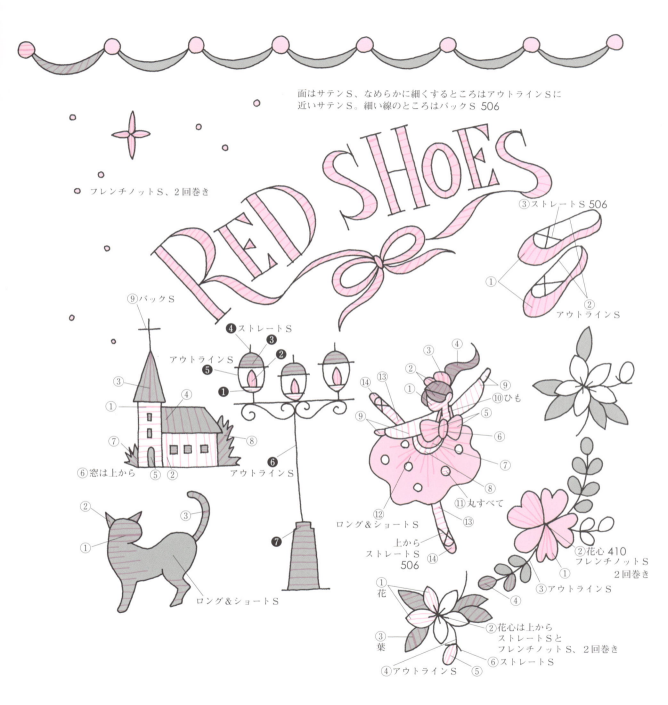

Hansel and Gretel /// ヘンゼルとグレーテル

photo p.34

[材料]

- ● 刺繍糸
- ■ チャコール グレー … 155
- ■ 茶色髪 … 368
- ■ 緑 … 324
- ▨ 淡オレンジ … 341
- ▨ オレンジ色 … 187
- □ 淡グレー … 712

[刺し方]

- ○ 指定以外2本どり
- ○ 指定以外 サテンS
- ○ まわりのモチーフは チェーンSで刺し 埋める

⑪お菓子の家は窓枠 はストレートS、 雨戸は1本どり ドアの線部分は 仕上げに上から アウトラインS

ドアノブは フレンチノットS 2回巻き

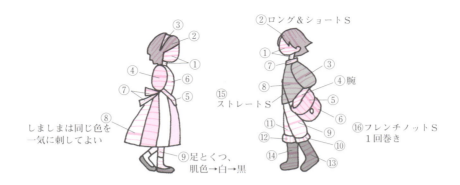

Sweets /// おやつの時間
photo p.35

[材料]

● 刺繍糸

〈Sweets〉
- 薄グレー ... 472
- 黄緑 ... 269
- 白 ... 100
- オレンジ色 ... 343
- 濃青 ... 166
- 茶色 ... 575

〈Chum〉
- グレー ... 154
- 黄緑 ... 269
- 白 ... 100
- 黄色 ... 299

[刺し方]

○すべて2本どり
○指定以外サテンS
○しましまは同じ色を一気に刺してよい

recipe_83

Little Mermaid /// リトルマーメイド

photo p.36

[材料]

● 刺繍糸
- □ 白 ... 100
- ■ 青 ... 526
- ■ ミント ... 562
- ■ 黄色 ... 298
- ■ 淡茶 髪 ... 366
  　肌色 ... 341

[刺し方]

○指定以外2本どり
○指定以外サテンS
○目は指定以外最後に
　フレンチノットS、1回巻き

Cinderella /// シンデレラ

photo p.37

[材料]

● 刺繍糸
- 淡茶髪 ... 366
- ピンク ... 481A
- 淡水色 ... 410A
- ミント ... 562
- 薄青 ... 2212
- 肌色 ... 341
- 銀 ... にしきいと真珠 (22)

[刺し方]
- すべて2本どり
- 指定以外サテンS
- 文字は、
  面　サテンS
  線　アウトラインS

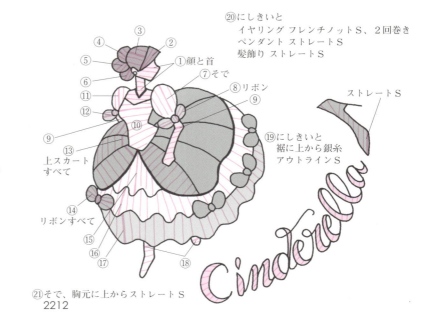

① 顔と首
② ③ ④ ⑤ ⑥
⑦ そで
⑧ リボン
⑨ ⑩ ⑪ ⑫
⑬ 上スカートすべて
⑭ リボンすべて
⑮ ⑯ ⑰ ⑱
⑲ にしきいと 裾に上から銀糸 アウトラインS
⑳ にしきいと イヤリング フレンチノットS、2回巻き ペンダント ストレートS 髪飾り ストレートS
㉑ そで、胸元に上からストレートS 2212
ストレートS

Ring Pillow /// リングピロー

photo p.41

[材料]

● 刺繍糸
- 黒 ... 895
- 緑 ... 2120
- 薄緑 ... 2535
- 深緑 ... 320
- 薄緑 ... 2317
- 黄緑 ... 324
- ピンク ... 113
- 薄ピンク ... 2111
- 黄色 ... 298
- ピンクグラデーション ... 8004

● その他
中綿、リボン… 適宜

[刺し方]
- ミニマムフォント（p.21）で二人のイニシャルを好きな位置に入れる。
- アウトラインSは3本どり、それ以外はすべて2本どり
- 指定以外サテンS
- 仕立て方はp.95 参照

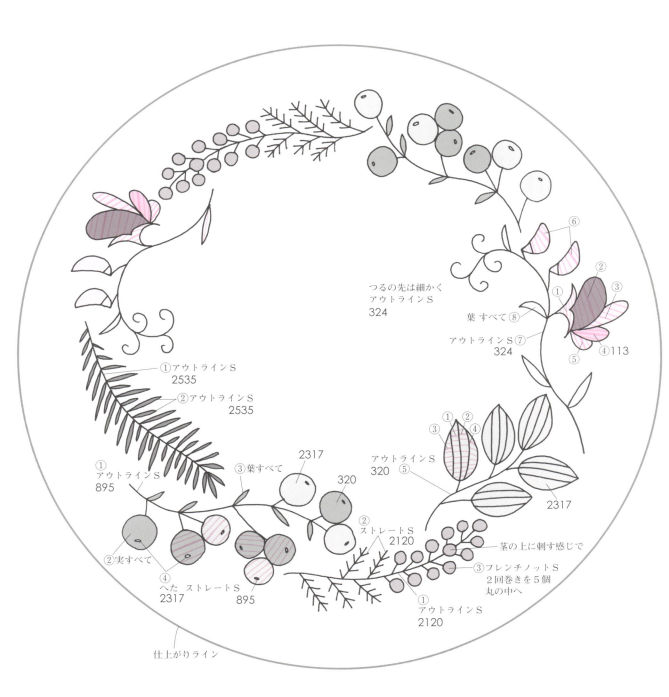

recipe_87

Wedding Board /// ウエディングボード
photo p.40

[材料]

● 刺繍糸
- □ 白 ... 100
- ■ 黄緑 ... 269
- ■ 黒 ... 895
- ■ ピンク ... 481A
- ■ 緑 ... 334
- ■ ベージュ（大フクロウの顔）... 1000
- ■ 淡茶（大フクロウ）... 366
- ■ 淡グレー（小フクロウ）... 151

● その他
片面接着パネル 20cm角

[刺し方]
- ○ 指定以外2本どり
- ○ 指定以外サテンS
- ○ 仕立て方は p.95 参照

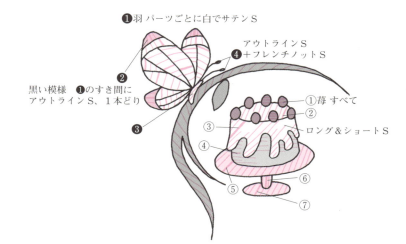

⑩目 フレンチノットS、1回巻き 895
⑪くちばし 269

⑭目 フレンチノットS、2回巻き 895

88_recipe

Memorial Board /// メモリアルボード

photo p.42

[材料]

● 刺繍糸
- ■ サーモンピンク ... 834
- ■ 薄ピンク ... 2111
- ■ チャコールグレー ... 155
- □ 白 ... 100
- ■ 黄色 ... 298

[刺し方]

○指定以外2本どり
○指定以外サテンS
○名前の文字は好きな色で刺す
○数字は右ページ（p.91）から写す
○名前の入れ方は p.38 参照

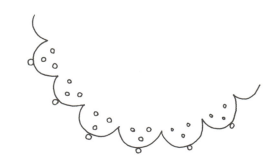

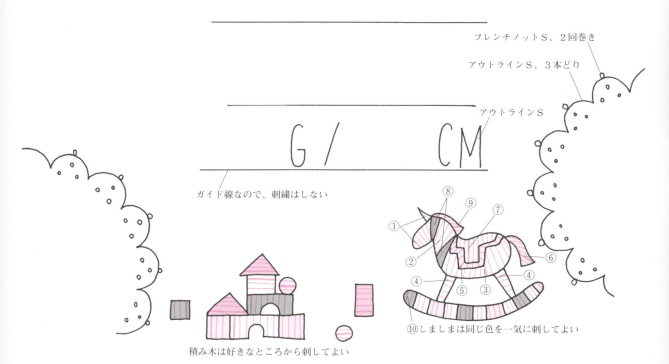

フレンチノットS、2回巻き
アウトラインS、3本どり
アウトラインS
ガイド線なので、刺繍はしない
積み木は好きなところから刺してよい
⑩ しましまは同じ色を一気に刺してよい

90_recipe

アウトラインS 155

0 1 2 3 4 5 6 7 8 9

Thank you /// ありがとう
photo p.43

[材料]
- ● 刺繍糸
- ■ チャコールグレー ... 155
- ■ 水色 ... 252
- □ 黄色 ... 298
- ■ サーモンピンク ... 834
- ■ 薄緑 ... 896

[刺し方]
- ○文字は3本どり、それ以外は2本どり
- ○ミニマムフォントはp.73 参照
- ○指定以外サテンS
- ○しましまは同じ色を一気に刺してよい
- ○水玉は先に丸を刺してから周囲を刺し埋める

Welcome Board /// ウェルカムボード
photo p.44

[材料]
- 刺繍糸
- 黒 ... 600
- 黄色 ... 820

[刺し方]
- 指定以外2本どり
- 指定以外サテンS
- 文字はすべて600

Happy New Year /// ハッピー・ニュー・イヤー
photo p.45

[材料]
- ● 刺繍糸
- ■ こげ茶 ... 477
- ■ 薄緑色 ... 896
- □ 白 ... 100
- ■ 薄グレー ... 472
- ■ ピンク ... 2222

[刺し方]
- ○ 指定以外2本どり
- ○ 指定以外サテンS
- ○ 文字は477
 　面　サテンS
 　線　アウトラインS
- ○ 大まかな刺し方順序
 　①花、つぼみ、うぐいす
 　②木

仕立て方

▲ メッセージタグ（p.69）

1. 15cm×15cmぐらいの布に刺繍をし、タグの仕上がりサイズより少し大きめに切る。

2. **1** でカットした布と同じぐらいのサイズのフェルトを用意し、接着剤で貼る。

3. 乾いたら、タグの形に切る。6本どりの刺繍糸をひものかわりに通す。

photo p.04

▲ カード（p.54_55）

市販のカード（もしくは画用紙を適当なサイズにカットし二つ折り）の左側にカッターで窓をあける。閉じたときにちょうど刺繍が見える位置に刺繍した布を貼る。

photo p.06

▲ リングピロー (p.86)

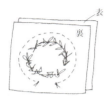

1. 大きめに布を用意し刺繍をする。刺繍の外側（直径約17cm）のところを返し口を作って縫い、ひっくり返す。

2. 綿を詰めて返し口をとじ、真ん中あたりを2か所、裏の布と一緒に何回か縫い留めてへこませる。最後にリボンを縫いつける。

...... photo p.41

▲ ウエディングボード （p.88_89）

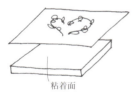

1. 20cm角の片面粘着パネルの粘着面に、刺繍した布を貼る。

2. ひっくり返して、手で布をひっぱり、しわにならないようにしながらホチキスで留める。

3. 側面をすべて留めたところ。角も、丁寧にたたんでホチキスで留める。

...... photo p.40

95

作品デザイン・制作　川畑杏奈 (annas)
制作協力　尾崎幸子、齋藤深雪、稗田紀子、渡部裕子

撮影　下村しのぶ (カナリア)
装丁・レイアウト　佐々木千代 (双葉七十四)
スタイリング　串尾広枝
Special Thanks　山田玲司、岡本諭
編集　小泉未来

[素材協力]
株式会社ルシアン（cosmo 刺繍糸）
〒 532-0004　大阪市淀川区西宮原 1-7-51 ワコール大阪ビル 7 F
お客様センター　tel. 0120-817-125（通話料無料）
　　　　　　　　9:00 ～ 17:30（土日祝は除く）
ホームページ　http://www.lecien.co.jp/

annas のもじの刺繍

2017 年 11 月 20 日　初版第 1 刷発行
2023 年 4 月 5 日　　　第 5 刷発行

著者　川畑杏奈
発行者　三宅貴久
発行所　株式会社　光文社
　　　　〒 112 - 8011　東京都文京区音羽 1-16-6
　　　　電話　編集部 03-5395-8172　書籍販売部 03-5395-8116　業務部 03-5395-8125
　　　　メール　non@kobunsha.com
　　　　落丁本・乱丁本は業務部へご連絡くだされば、お取り替えいたします。

組版　近代美術
印刷所　近代美術
製本所　フォーネット社

Ⓡ <日本複製権センター委託出版物>
本書の無断複写複製（コピー）は著作権法上での例外を除き禁じられています。
本書をコピーされる場合は、そのつど事前に、日本複製権センター（☎ 03-6809-1281、e-mail:jrrc_info@jrrc.or.jp）の許諾を得てください。
本書の電子化は私的使用に限り、著作権法上認められています。ただし代行業者等の第三者による電子データ化及び電子書籍化は、いかなる場合も認められておりません。
Ⓒ Anna Kawabata 2017
ISBN978-4-334-97965-2 Printed in Japan